Impressum
Verlag: BABADADA GmbH, Nedderfeld 112 , 22529 Hamburg
Geschäftsführer / Verlagsleitung: Harald Hof
Druck: Books on Demand GmbH, In de Tarpen 42, 22848 Norderstedt

Imprint
Publisher: BABADADA GmbH, Nedderfeld 112 , 22529 Hamburg, Germany
Managing Director / Publishing direction: Harald Hof
Print: Books on Demand GmbH, In de Tarpen 42, 22848 Norderstedt

мактаб

school

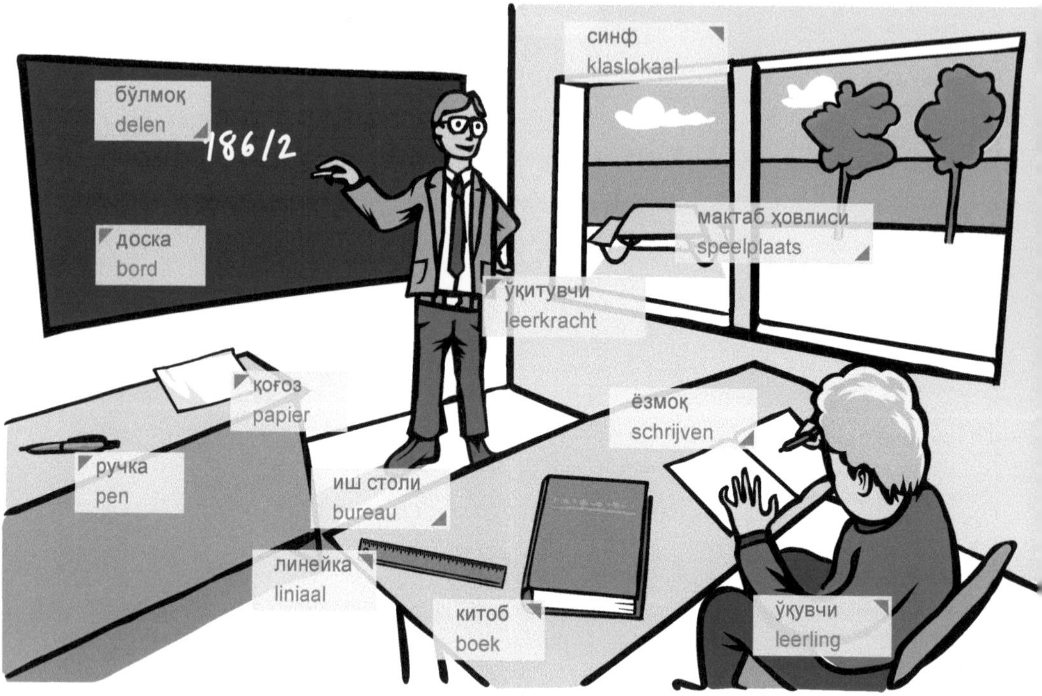

синф
klaslokaal
бўлмоқ
delen
186/2
доска
bord
мактаб ҳовлиси
speelplaats
ўқитувчи
leerkracht
қоғоз
papier
ёзмоқ
schrijven
ручка
pen
иш столи
bureau
линейка
liniaal
китоб
boek
ўқувчи
leerling

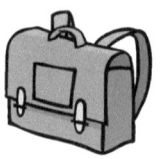

осма сумка

schooltas

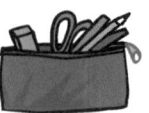

қаламдон

pennenzak

қалам

potlood

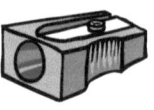

қалам учлагич

puntenslijper

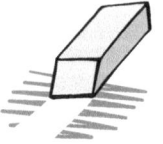

ўчиргич

gom

расм албоми

tekenblok

чизмачилик

tekening

бўёқ чўтка

verfborstel

бўёқдон

verfdoos

қайчи

schaar

елим

lijm

машғулот дафтари

werkboek

уй иши

huiswerk

рақам

nummer

2+2

қўшмоқ

optellen

айирмоқ

aftrekken

кўпайтирмоқ

vermenigvuldigen

ҳисобламоқ

rekenen

хат

letter

алифбо

alfabet

сўз

woord

матн
tekst

ўқимоқ
Lezen

бўр
krijt

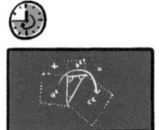

дарс
les

журнал
klassenboek

имтиҳон
examen

гувоҳнома
certificaat

мактаб формаси
schooluniform

таълим
onderwijs

қомус
encyclopedie

олийгоҳ
universiteit

микроскоп
microscoop

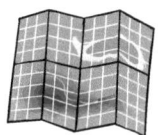

харита
kaart

урна
papiermand

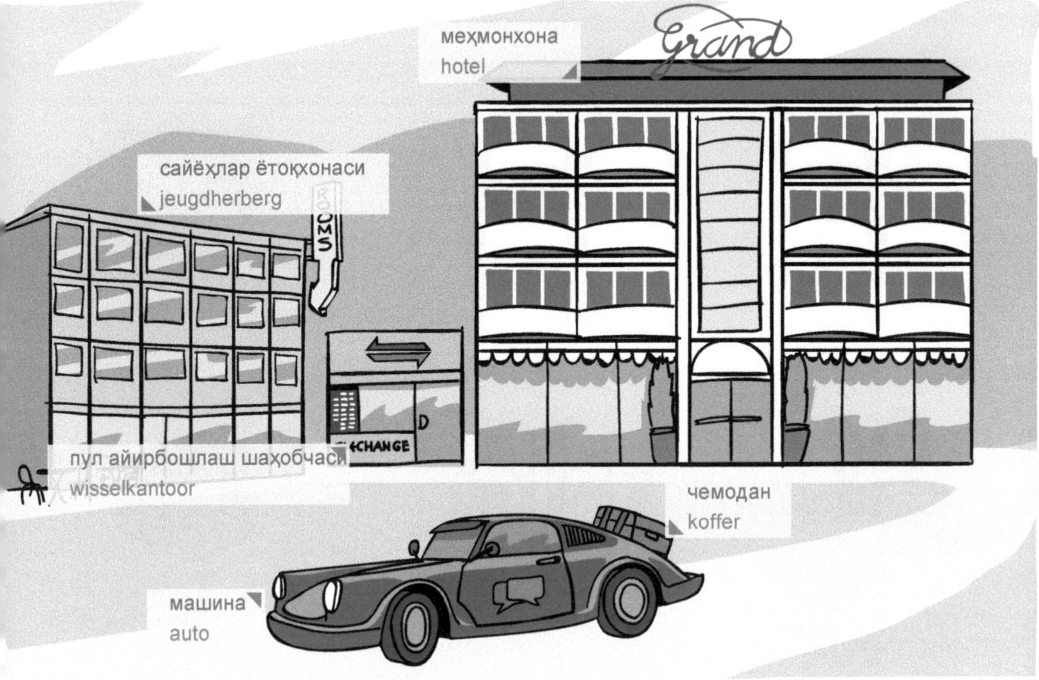

меҳмонхона
hotel
Grand
сайёҳлар ётоқхонаси
jeugdherberg
ROOMS
пул айирбошлаш шаҳобчаси
wisselkantoor
чемодан
koffer
машина
auto

тил

Taal

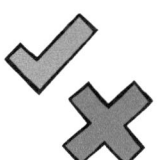

ҳа / йўқ

ja / nee

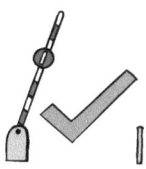

Хўп

oké

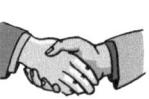

салом

hallo

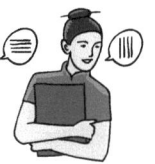

таржимон

vertaler

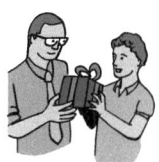

Раҳмат

bedankt

неча пул...?

Hoeveel kost ...?

Тушунмадим

Ik begrijp het niet

муаммо

probleem

Хайрли кеч!

Goedenavond!

Хайрли тонг!

Goedemorgen!

Хайрли тун!

Goedenavond!

кўришгунча

Tot ziens

йўналиш

richting

йўловчи юки

bagage

сафархалта

zak

юк халта

rugzak

меҳмон

gast

хона

kamer

уйқуқоп

slaapzak

чодир

tent

саёҳларга маълумот
бериш столи
....
toeristeninformatie

пляж
....
strand

омонат карта
....
kredietkaart

нонушта
....
ontbijt

нонушта
....
lunch

кечки овқат
....
avondeten

чипта
....
ticket

лифт
....
lift

марка
....
postzegel

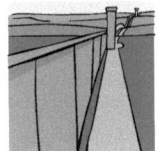

чегара
....
grens

божхона
....
douane

элчихона
....
ambassade

виза
....
visum

паспорт
....
paspoort

транспорт
transport

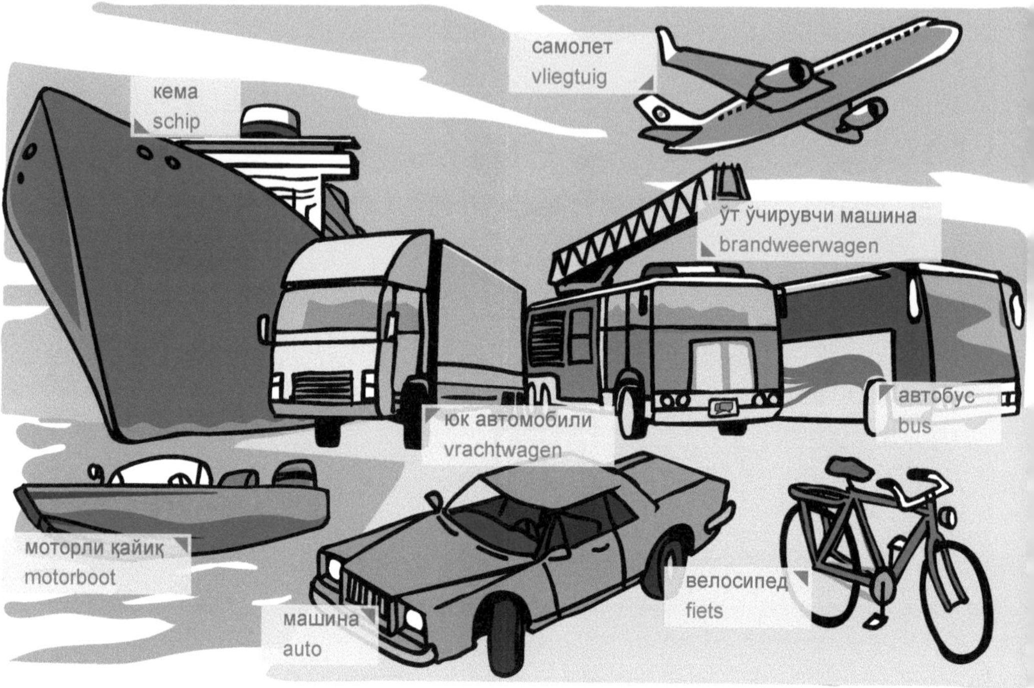
самолет
vliegtuig
кема
schip
ўт ўчирувчи машина
brandweerwagen
автобус
bus
юк автомобили
vrachtwagen
моторли қайиқ
motorboot
велосипед
fiets
машина
auto

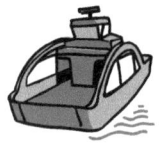

солсимон ясси кема

veerboot

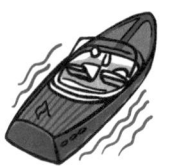

қайиқ

boot

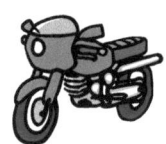

мотоцикл

motor

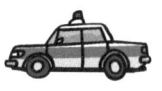

посбон машинаси

politiewagen

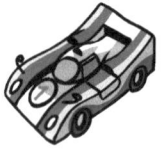

пойга машинаси

racewagen

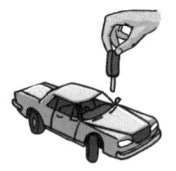

ижарага олинган автоулов

huurauto

автоижара

carpoolen

шатакка олувчи юк
автомобили

sleepwagen

ахлат машинаси

vuilniswagen

мотор

motor

ёқилғи

benzine

ёқилғи қуйиш шаҳобчаси

benzinestation

йўл белгиси

verkeersbord

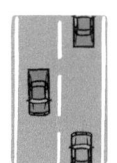

йўл ҳаракати

verkeer

тирбанд

file

автомобил тўхтаб туриш
жойи

parkeerplaats

поезд бекати

station

рельс

sporen

поезд

trein

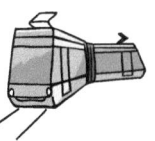

трамвай

tram

вагон

wagon

вертолёт

helikopter

аэропорт

luchthaven

минора

toren

йўловчи

passagier

контейнер

container

қоғоз қути

karton

аравача

kar

сават

mand

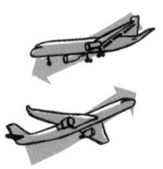

учмоқ / қўнмоқ

opstijgen / landen

шаҳар

stad

қишлоқ

dorp

шаҳар маркази

stadscentrum

уй

huis

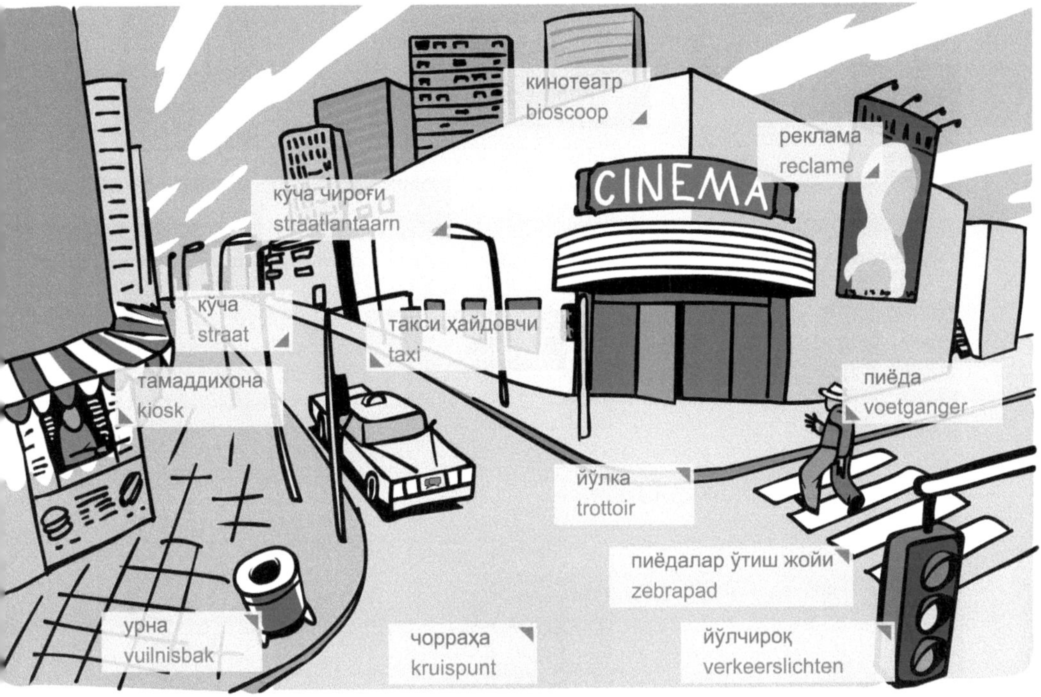

кинотеатр
bioscoop

реклама
reclame

кўча чироғи
straatlantaarn

кўча
straat

такси ҳайдовчи
taxi

тамаддихона
kiosk

пиёда
voetganger

йўлка
trottoir

пиёдалар ўтиш жойи
zebrapad

урна
vuilnisbak

чорраҳа
kruispunt

йўлчироқ
verkeerslichten

кулба
hut

квартира
woning

поезд бекати
station

маҳаллий ҳокимият
биноси
stadshuis

музей
museum

мактаб
school

олийгоҳ

universiteit

банк

bank

шифохона

ziekenhuis

меҳмонхона

hotel

дорихона

apotheek

идора

kantoor

китоб дўкони

boekwinkel

дўкон

winkel

гул дўкони

bloemenwinkel

супермаркет

supermarkt

бозор

markt

универмаг

warenhuis

балиқ дўкони

vishandelaar

савдо маркази

winkelcentrum

бандаргоҳ

haven

истироҳат боғи

park

банк

bank

кўприк

brug

зинапоя

trap

метро

metro

ер ости йўли

tunnel

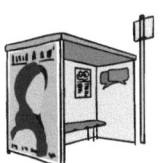

автобус бекати

bushalte

бар

bar

ресторан

restaurant

почта қутиси

brievenbus

кўча ёзув осма тахтаси

straatnaambord

тўхтаб туриш вақтини ҳисоблагич

parkeermeter

ҳайвонот боғи

zoo

бассейн

zwembad

масжид

moskee

чорвачилик хўжалиги

boerderij

атроф-муҳит
ифлосланиши
milieuverontreiniging

қабристон

kerkhof

ибодатхона

kerk

болалар ўйингоҳи

speelplaats

эхром

tempel

манзара
landschap

япроқ
blad

йўлкўрсатгич
wegwijzer

йўл
weg

ўтлоқ
weide

тош
steen

дарахт
boom

пиёда сайёҳ
wandelaar

дарё
rivier

майса
gras

гул
bloem

водий
vallei

қир
heuvel

кўл
meer

ўрмон
bos

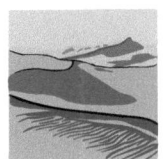

чўл
woestijn

вулкан
vulkaan

қалъа
kasteel

камалак
regenboog

қўзиқорин
paddenstoel

пальма дарахти
palmboom

пашша
mug

чивин
vlieg

чумоли
mier

асалари
bijl

ўргимчак
spin

кўнғиз

kever

курбақа

kikker

олмахон

eekhoorn

типратикон

egel

қуён

haas

укки

uil

қуш

vogel

оққуш

zwaan

эркак чўчқа

wild zwijn

буғу

hert

бутоқ шоҳли кийик

eland

тўғон

dam

шамол генератори

windturbine

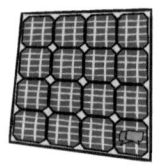

қуёш батареяси

zonnepaneel

иқлим

klimaat

ресторан
restaurant

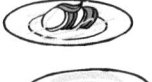

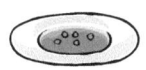

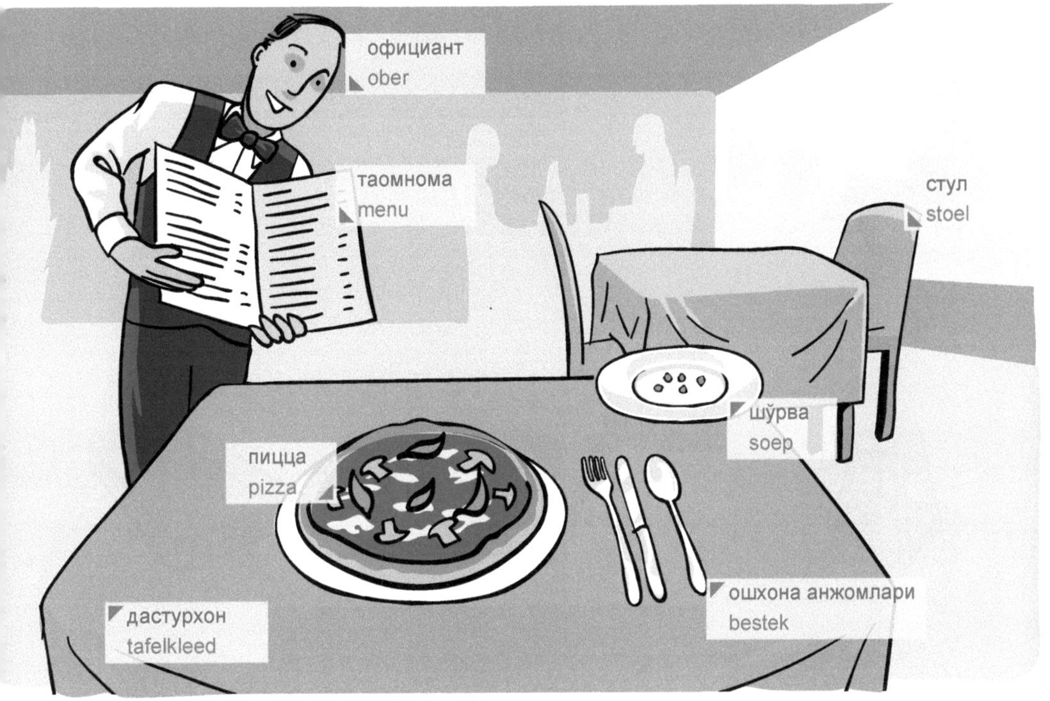
официант
ober
таомнома
menu
стул
stoel
шўрва
soep
пицца
pizza
ошхона анжомлари
bestek
дастурхон
tafelkleed

газак

voorgerecht

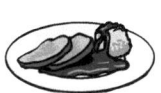

асосий таом

hoofdgerecht

десерт

nagerecht

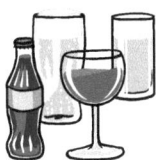

ичимликлар

drankjes

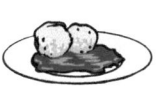

таом

eten

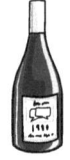

бутилка

fles

тез пишар таом

fastfood

кўча таоми

street food

чойнак

theepot

шакардон

suikerpot

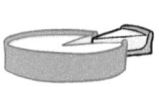

порция

portie

эспрессо кофе машинаси

espressomachine

болалар курсичаси

kinderstoel

ҳисоб

rekening

лаган

dienblad

пичоқ

mes

санчқи

vork

қошиқ

lepel

чой қошиқ

theelepel

кўл сочиқ

serviette

стакан

glas

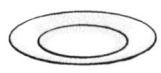

ликоп
....
bord

шўрва коса
....
soepbord

тақсимча
....
schoteltje

қайла
....
saus

туздон
....
zoutvatje

қалампир янчгич
....
pepermolen

сирка
....
azijn

ёғ
....
olie

зираворлар
....
kruiden

кетчуп
....
ketchup

хантал
....
mosterd

майонез
....
mayonaise

супермаркет
supermarkt

чегирма
aanbieding
FOR
мижоз
klant
сут маҳсулотлари
zuivelproducten
мева
fruit
харид араваси
winkelwagen

BUTCHERS

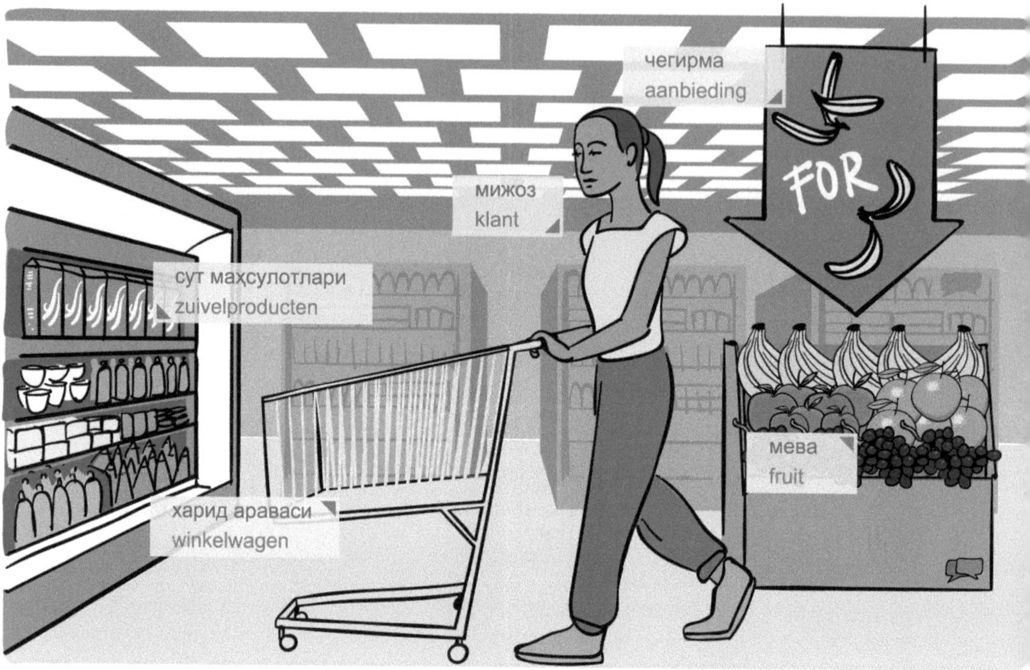

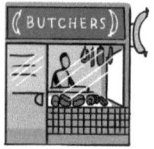

қассобхона

slagerij

BAKERY

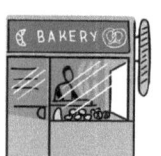

нонвойхона

bakkerij

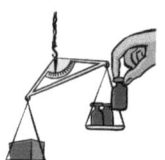

тарозида ўлчамоқ

wegen

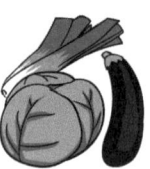

сабзавот

groenten

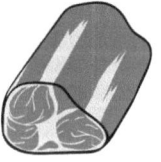

гўшт

vlees

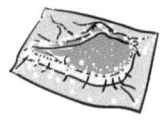

музлатилган таомлар

diepvriesvoedsel

яхна гўшт

charcuterie

консерва

conserven

кир ювиш воситаси

waspoeder

ширинликлар

snoep

кундалик истеъмол моллар

huishoudproducten

ювиш воситалари

schoonmaakproducten

сотувчи

verkoopster

касса аппарати

kassa

ғазначи

kassier

харид рўйхати

boodschappenlijstje

иш вақти

openingstijden

ҳамён

portefeuille

омонат карта

kredietkaart

халта

tas

целлофан халта

plastieken zakje

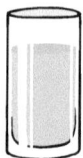

сув

water

шарбат

sap

сут

melk

кока-кола

cola

вино

wijn

пиво

bier

спиртли ичимлик

alcohol

какао

cacao

чой

thee

кофе

koffie

эспрессо

espresso

капучино

cappuccino

банан

banaan

олмахон

appel

апельсин

sinaasappel

қовун

meloen

лимон

citroen

сабзи

wortel

саримсоқ

knoflook

бамбук

bamboe

пиёз

ajuin

қўзиқорин

champignon

ёнғоқ

noten

лағмон

noodles

спагетти

spaghetti

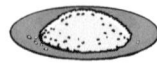

гуруч

rijst

салат

salade

картошка-фри

frieten

қовурилган картошка

gebakken aardappelen

пицца

pizza

гамбургер

hamburger

сэндвич

sandwich

тўқмоқланган тўш қиймаси

kalfslapje

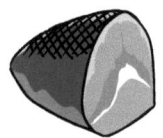

дудланган чўчқа гўшти

ham

салями колбасаси

salami

сосиска

worst

товуқ гўшти

kip

қовурилган

braden

балиқ

vis

сули бўтқаси

havervlokken

мюсли

muesli

маккажўхори ёрмаси

cornflakes

ун

bloem

француз булочкаси

croissant

булочка

pistolet

нон

brood

қизартирилган нон бўлаги

toast

пиширик

koekjes

сариёғ

boter

творог

kwark

пирог

taart

тухум

ei

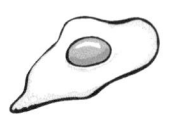

қовурилган тухум

spiegelei

пишлоқ

kaas

музқаймоқ

ijs

шакар

suiker

асал

honing

мураббо

confituur

шоколад пастаси

choco

зарчава

curry

чорвачилик хўжалиги
boerderij

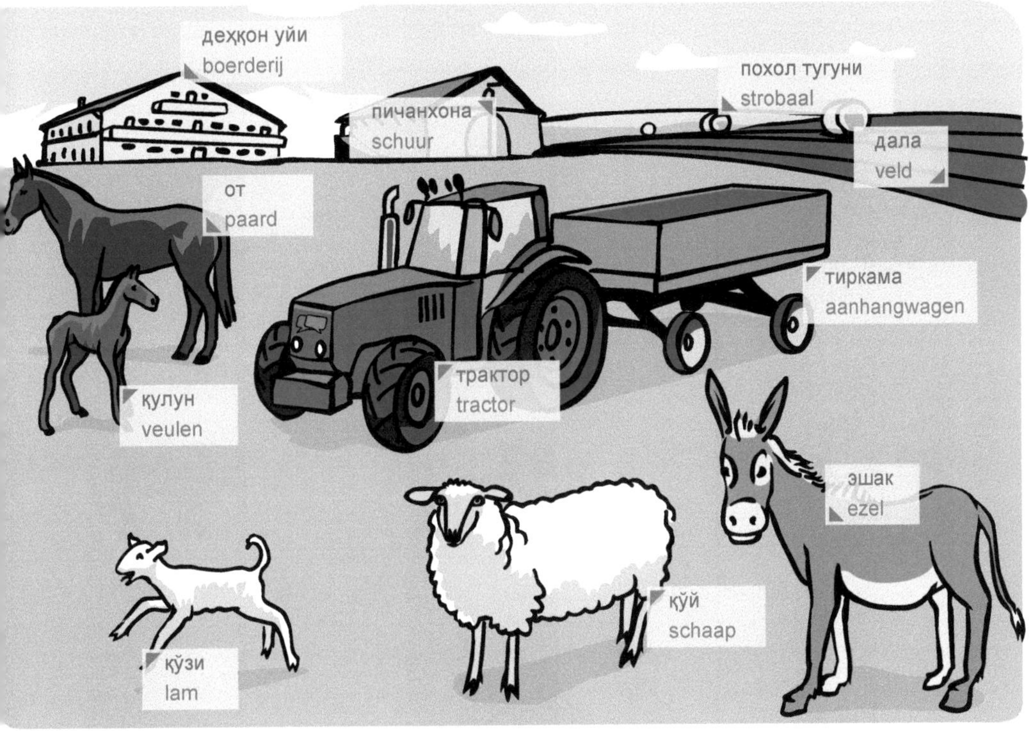
деҳқон уйи
boerderij
пичанхона
schuur
похол тугуни
strobaal
дала
veld
от
paard
тиркама
aanhangwagen
трактор
tractor
қулун
veulen
эшак
ezel
қўй
schaap
қўзи
lam

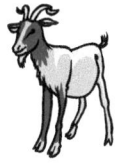

эчки

geit

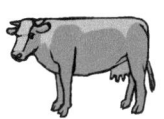

сигир

koe

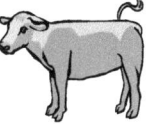

бузоқ

kalf

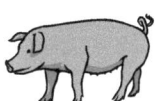

чўчқа

varken

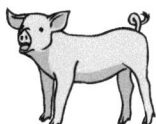

чўчқа боласи

biggetje

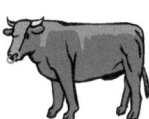

буқа

stier

ғоз

gans

ўрдак

eend

жўжа

kuiken

товуқ

kip

хўроз

haan

каламуш

rat

мушук

kat

сичқон

muis

хўкиз

os

ит

hond

каталак

hondenhok

ҳовли боғ шланги

tuinslang

гулчелак

gieter

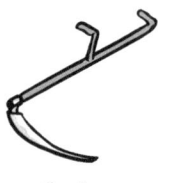

белўроқ

zeis

темир омоч

ploeg

қўлўроқ

sikkel

чопқи

schoffel

паншаха

hooivork

болта

bijl

ғалтакарава

kruiwagen

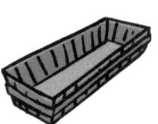

охур

trog

сут бидони

melkkan

тўрва

zak

панжара

hek

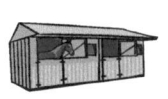

оғилхона

stal

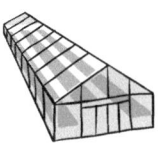

иссиқхона

broeikas

тупроқ

bodem

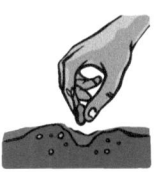

уруғ

zaad

ўғит

mest

комбайн

maaidorser

ҳосил олмоқ

oogsten

йиғим-терим

oogst

ямс

yam

буғдой

tarwe

соя

soja

картошка

aardappel

маккажўхори

maïs

рапс уруғи

koolzaad

мевали дарахт

fruitboom

маниок

maniok

ёрма

graan

уй
huis

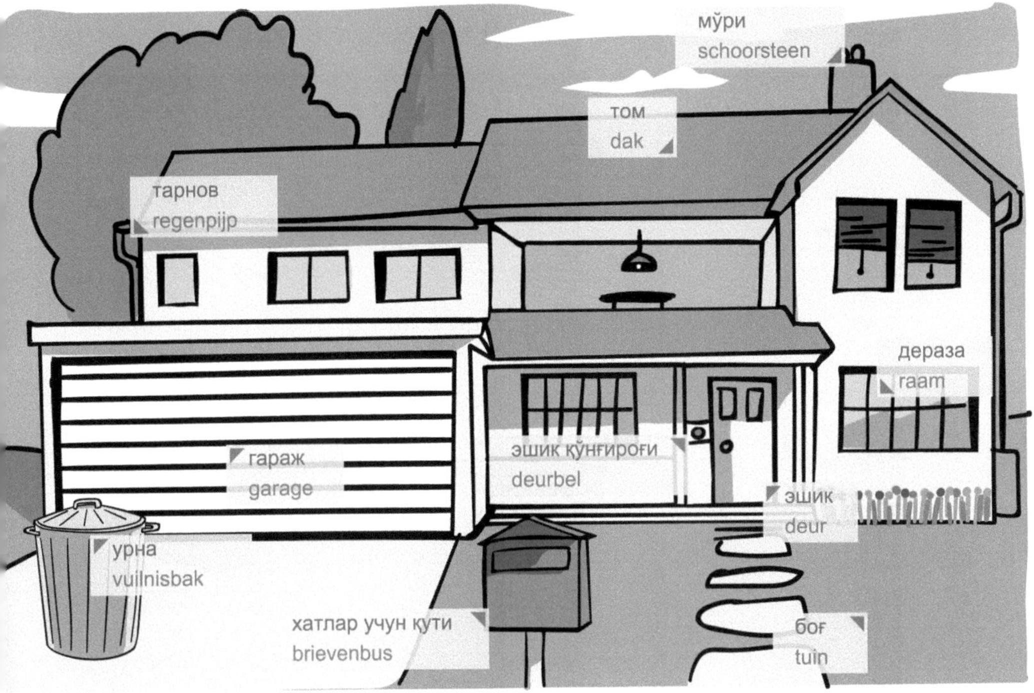
мўри
schoorsteen
том
dak
тарнов
regenpijp
дераза
raam
гараж
garage
эшик қўнғироғи
deurbel
эшик
deur
урна
vuilnisbak
хатлар учун қути
brievenbus
боғ
tuin

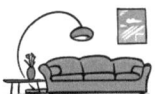

меҳмонхона

woonkamer

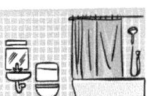

ваннахона

badkamer

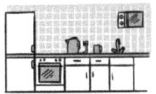

ошхона

keuken

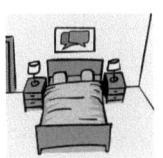

ётоқхона

slaapkamer

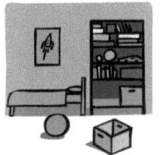

болалар хонаси

kinderkamer

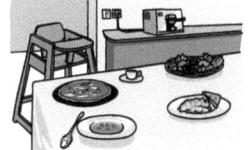

ошхона

eetkamer

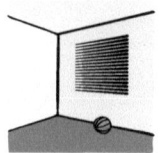

пол
vloer

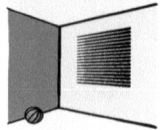

девор
muur

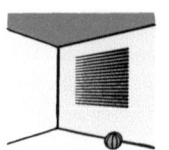

шип
plafond

подвал
kelder

сауна
sauna

болохона айвони
balkon

айвон
terras

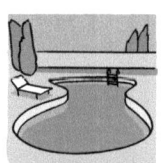

бассейн
zwembad

ўт ўргич машина
grasmaaier

кўрпажилд
dekbedovertrek

чойшаб
dekbed

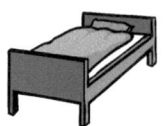

кроват
bed

супурги
bezem

пақир
emmer

мурват
schakelaar

меҳмонхона

woonkamer

гулқоғоз
behangpapier
сурат
foto
чироқ
lamp
токча
schap
жавон
kast
телевизор
televisie
ўчоқ
open haard
гул
bloem
ёстиқ
kussen
диван
sofa
гулдон
vaas
масофадан бошқариш пульти
afstandsbediening

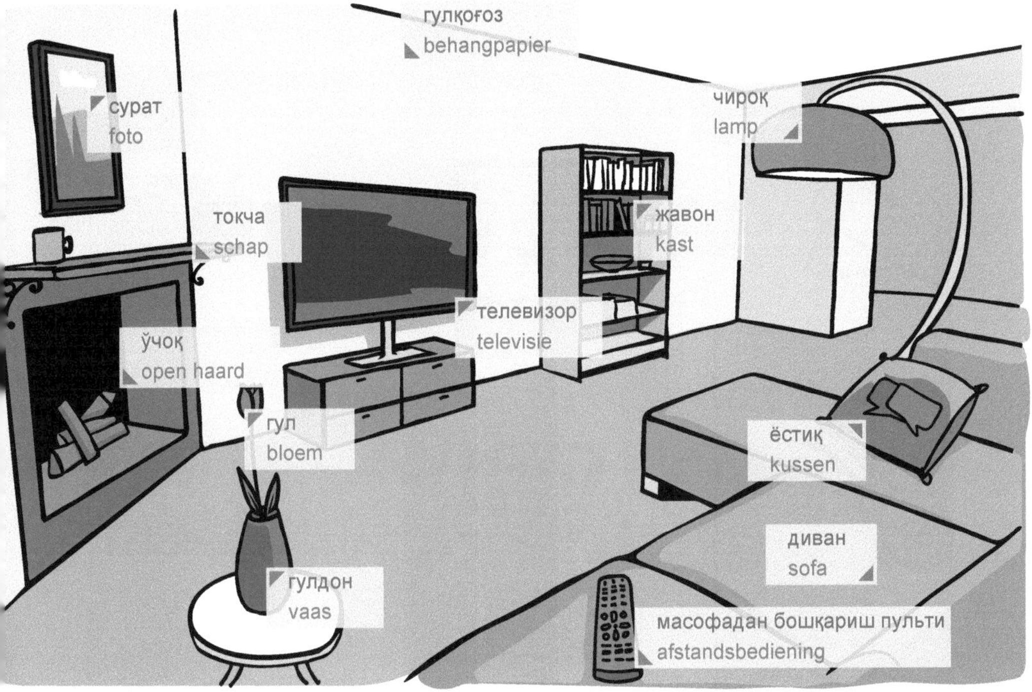

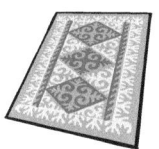

гилам

mat

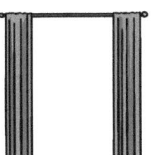

парда

gordijn

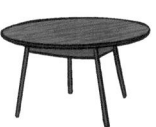

стол

tafel

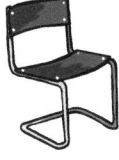

стул

stoel

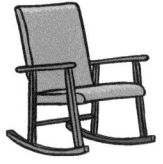

тебранма курси

schommelstoel

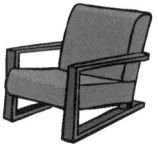

кресло

fauteuil

китоб

boek

кӯрпа

deken

ҳашам

decoratie

ўтин

brandhout

кино

film

стерео қурилма

stereo-installatie

калит

sleutel

рӯзнома

krant

расм

schilderij

плакат

poster

радио

radio

ён дафтар

notitieboekje

чанг ютгич

stofzuiger

кактус

cactus

шам

kaars

ошхона
keuken

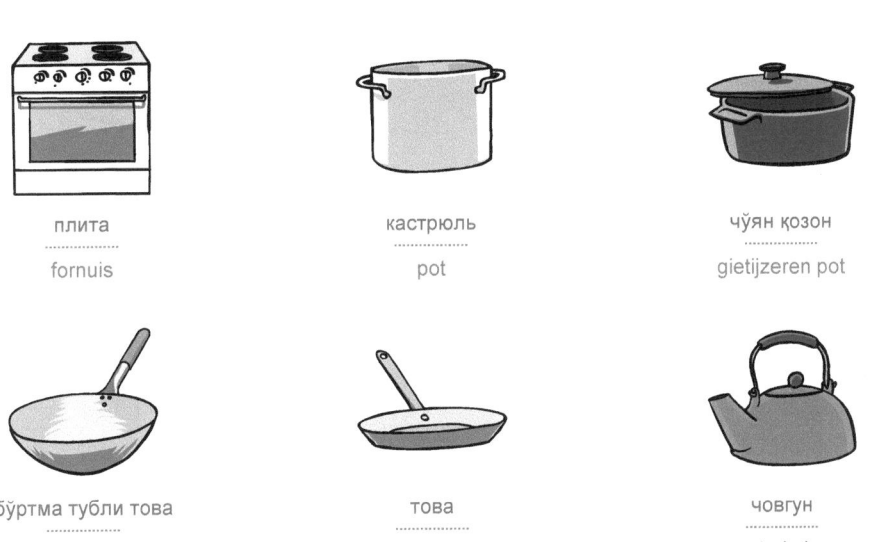

совутгич
koelkast
микротўлқинли печ
microgolfoven
ошхона тарозиси
keukenweegschaal
тостер
broodrooster
ювиш воситалари
afwasmiddel
духовка
oven
музхона
vriesvak
урна
vuilnisbak
идиш ювадиган машина
vaatwasmachine

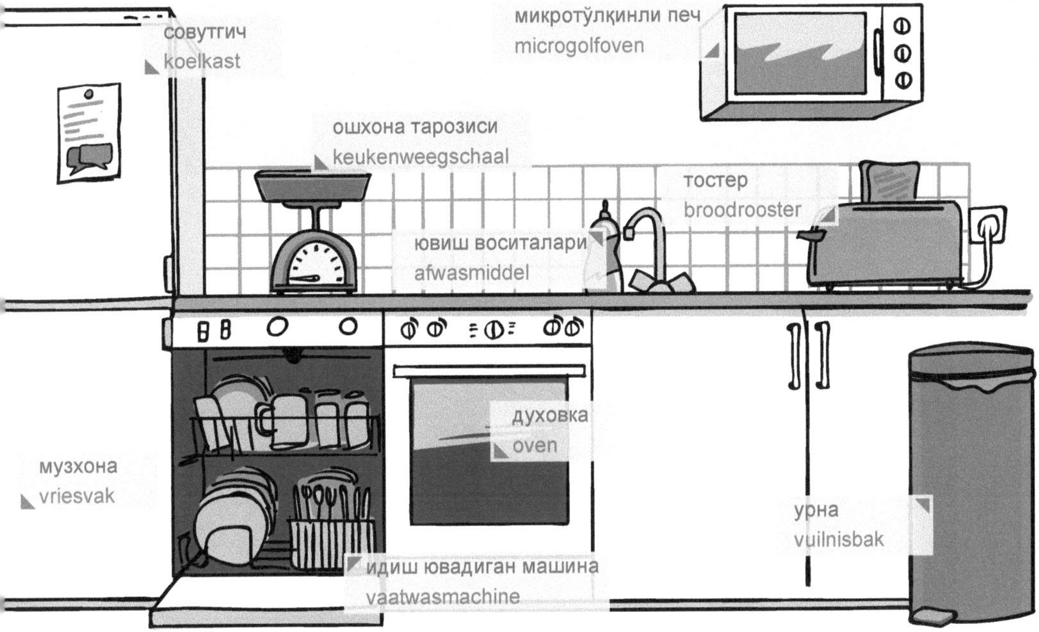

плита
fornuis

кастрюль
pot

чўян қозон
gietijzeren pot

бўртма тубли това
wok / kadai

това
pan

човгун
waterkoker

мантиқасқон

stoomkoker

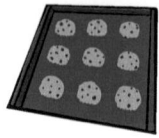

тунука това

bakplaat

идиш

servies

кружка

mok

коса

kom

таом ейиш таёқчалари

eetstokjes

чўмич

pollepel

куракча

spatel

кўпиртиргич

garde

элак

vergiet

элак

zeef

қирғич

rasp

ҳовонча

mortier

гриль

barbecue

олов

haardvuur

оштахта

snijplank

жува

deegrol

пармасимон тиқин очгич

kurkentrekker

консерва

blik

консерва очгич

blikopener

тутгич

pannenlap

унитаз

gootsteen

идиш чўтка

borstel

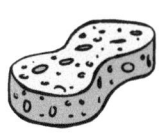

қозонсочиқ

spons

қориштиргич

blender

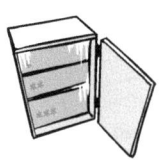

музлатгич

vriezer

сўрғичли чақалоқ бутилкаси

papfles

кран

kraan

ваннахона

badkamer

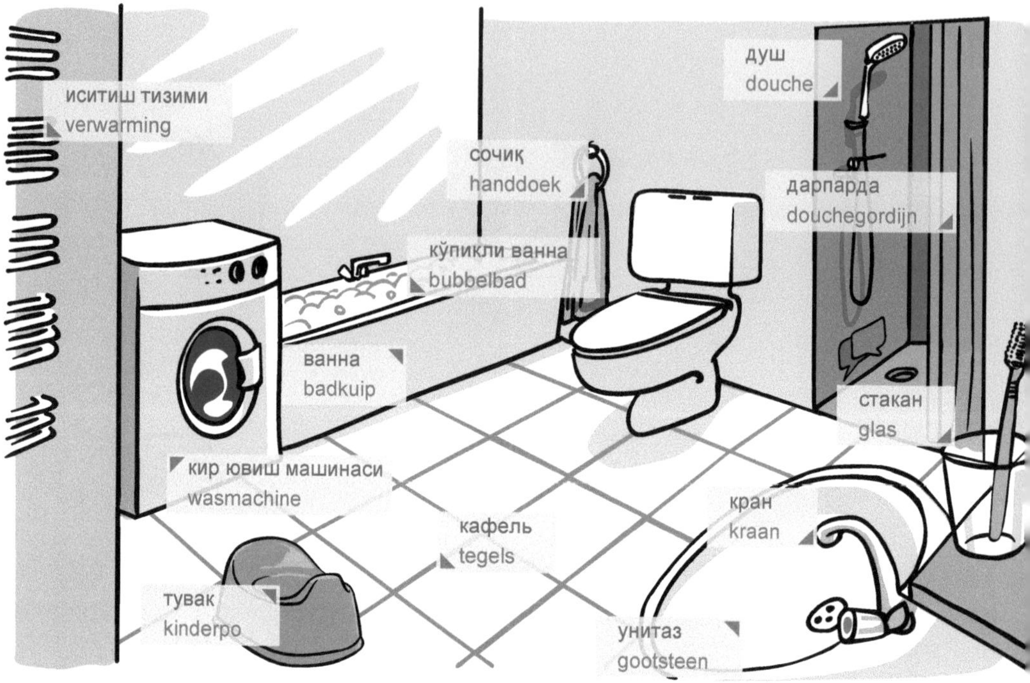

иситиш тизими
verwarming
сочиқ
handdoek
душ
douche
дарпарда
douchegordijn
кўпикли ванна
bubbelbad
ванна
badkuip
стакан
glas
кир ювиш машинаси
wasmachine
кран
kraan
кафель
tegels
тувак
kinderpo
унитаз
gootsteen

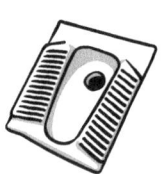

ҳожатхона

toilet

полга ўрнатиладиган унитаз

hurktoilet

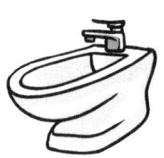

таҳоратдон

bidet

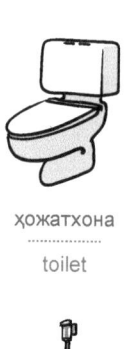

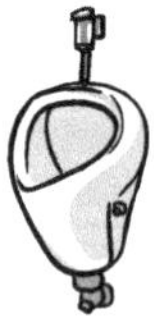

сийдик унитази

urinoir

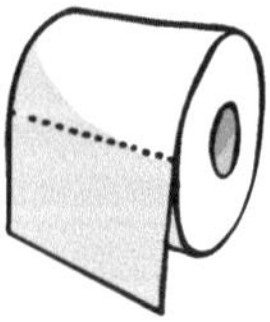

ҳожатхона қоғози

toiletpapier

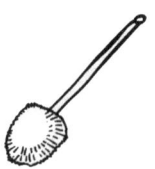

ҳожатхона чўткаси

toiletborstel

тиш чўтка

tandenborstel

тиш пастаси

tandpasta

тиш тозалагич ип

flosdraad

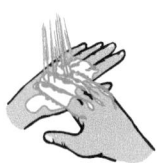

ювмоқ

wassen

дастакли душ

handdouche

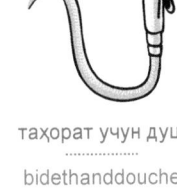

таҳорат учун душ

bidethanddouche

тоғора

waskom

елка қашлайдиган чўтка

rugborstel

совун

zeep

душ учун гель

douchegel

шампунь

shampoo

мочалка

washandje

қувур

afvoer

крем

crème

дезодарант

deodorant

кўзгу

spiegel

қўл кўзгуси

handspiegel

устара

scheermes

устара учун кўпик

scheerschuim

салқинлантирувчи
бальзам
aftershave

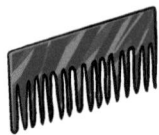

тароқ

kam

чўтка

borstel

фен

haardroger

соч учун лак

haarlak

пардоз-андоз

make-up

лаб учун помада

lippenstift

тирноқ лаки

nagellak

пахта

watten

тирноқ қайчиси

nagelknipper

духи

parfum

пардоз-андоз халтаси

toilettas

курси

kruk

тарози

weegschaal

чўмилиш халати

badjas

резина қўлқоп

latex handschoenen

тампон

tampon

гигиеник таглик

maandverband

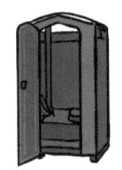

биоҳожатхона

chemisch toilet

болалар хонаси
kinderkamer

бонг соат
wekker
юмшоқ ўйинчоқ
knuffel
ўйинчоқ машина
speelgoedauto
шақилдоқ
rammelaar
қўғирчоқ уй
poppenhuis
совға
geschenk

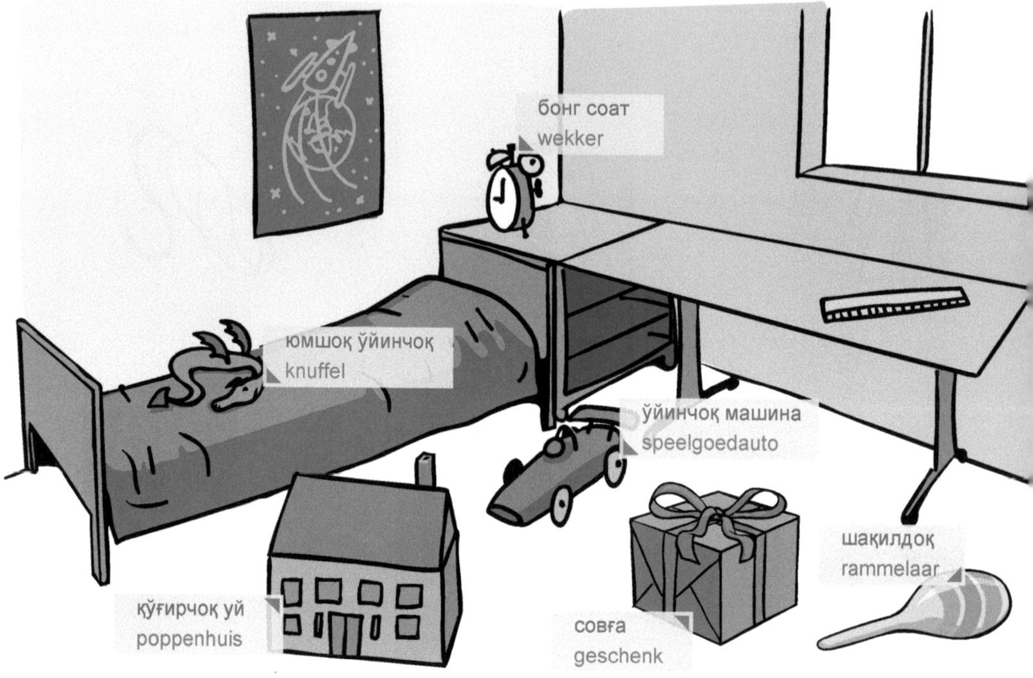

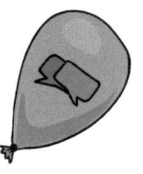

шар
ballon

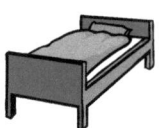

кроват
bed

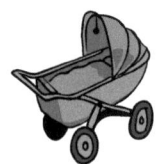

болалар аравачаси
kinderwagen

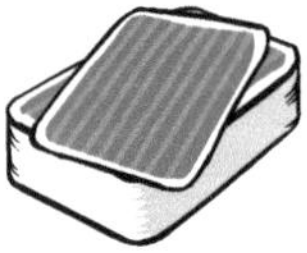

карта тўплами
spel kaarten

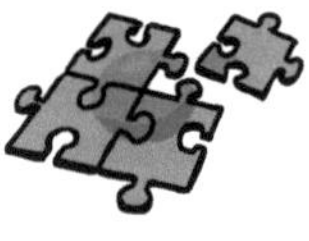

терма тасвир
puzzel

SUPER MEGA

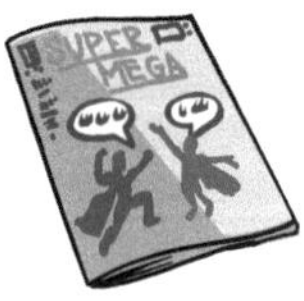

кулгили саҳна асари
stripboek

лего ғиштлари

legoblokjes

ўйинчоқ кубиклар

blokken

ўйинчоқ қаҳрамон

actiefiguur

ползунка

kruippakje

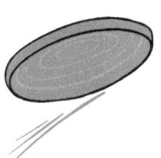

учар ликопча

frisbee

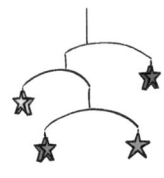

осма шақилдоқ

mobiel

стол ўйини

bordspel

ошиқ

dobbelsteen

поезд макети

modelspoorweg

сўрғич

fopspeen

ўтириш

feest

расмли китоб

prentenboek

копток

bal

қўғирчоқ

pop

ўйнамоқ

spelen

қумдон

zandbak

арғимчоқ

schommel

ўйинчоқлар

speelgoed

ўйин приставкаси

spelconsole

уч ғилдиракли велосипед

driewieler

бахмал айиқ

knuffelbeer

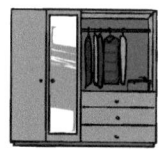

кийим шкафи

kleerkast

КИЙИМ

kleding

пайпоқ

sokken

чулки

kousen

колготка

maillot

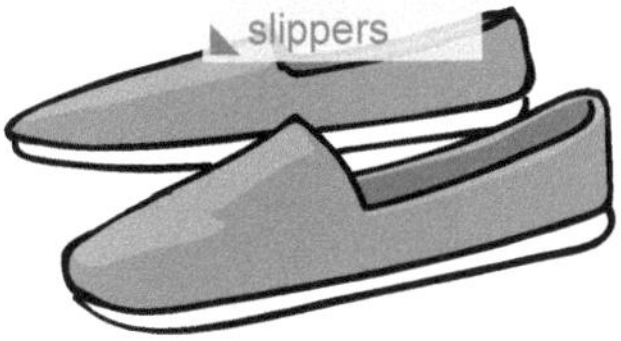

шарф
sjaal

соябон
paraplu

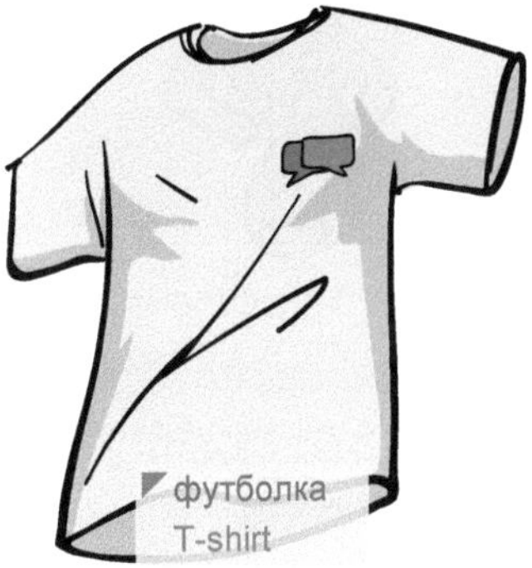

футболка
T-shirt

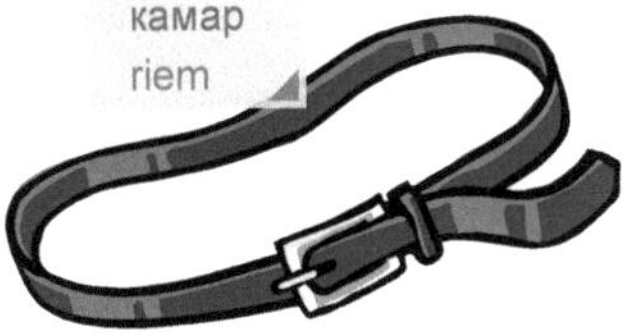

камар
riem

ботинка
laarzen

тапочка
slippers

кроссовка
sneakers

шиппак
....
sandalen

туфли
....
schoenen

резина этик
....
rubberlaarzen

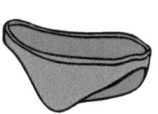
тор турсик
....
onderbroek

кўкракпеч
....
beha

майка
....
onderhemd

боди

lichaam

иштон

broek

жинси

jeans

юбка

rok

кофта

blouse

кўйлак

hemd

жемпер

trui

узун чакмон

capuchontrui

спорт бичимидаги пиджак

blazer

куртка

jas

пальто

jas

плаш

regenjas

либос

kostuum

кўйлак

jurk

келин кўйлак

trouwjurk

костюм шим

pak

тунги кўйлак

nachthemd

пижама

pyjama

сари

sari

шолрўмол

hoofddoek

салла

tulband

паранжи

boerka

чакмон

kaftan

абая

abaya

чўмилиш костюми

badpak

турсик

zwembroek

шортик

short

спорт костюми

trainingspak

фартук

schort

қўлқоп

handschoenen

тугма

knoop

кўзойнак

bril

билагузук

armband

мунчоқ

ketting

узук

ring

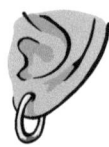

сирға

oorbel

кепка

pet

пальто илгак

kapstok

шляпа

hoed

бўйинбоғ

das

замок

rits

дубулға

helm

шим тортгич

bretellen

мактаб формаси

schooluniform

форма

uniform

ошхўрак

slabbetje

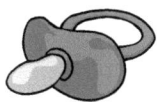

сўрғич

fopspeen

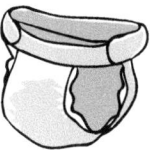

таглик

luier

идора
kantoor

сервер
server

қоғоз-хужжатлар шкафи
dossierkast

принтер
printer

экран
monitor

қоғоз
papier

иш столи
bureau

сичқонча
muis

папка
map

клавиатура
toestenbord

урна
papiermand

компьютер
computer

стул
stoel

кофе кружкаси

koffiemok

калькулятор

rekenmachine

интернет

internet

ноутбук

laptop

хат

brief

мактуб

bericht

уяли телефон

gsm

тармоқ

netwerk

нусха кўчиргич

kopieerapparaat

дастур

software

телефон

telefoon

розетка

stopcontact

факс

fax

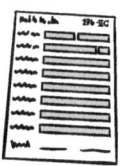

шакллар

formulier

хужжат

document

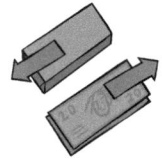  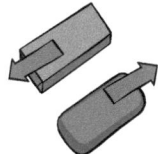

харид қилмоқ	тўламоқ	савдолашмоқ
kopen	betalen	handelen

пул	доллар	евро
geld	dollar	euro

йен	рубль	швейцар франки
yen	roebel	Zwitserse frank

Жэньминьби хитой юани	рупи	банкомат
Chinese renminbi	roepie	geldautomaat

пул айирбошлаш
шаҳобчаси
wisselkantoor

олтин

goud

кумуш

zilver

нефт

olie

энергия

energie

нарх

prijs

шартнома

contract

солиқ

belasting

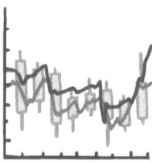

акция

aandeel

ишламоқ

werken

ишчи

werknemer

иш берувчи

werkgever

завод

fabriek

дўкон

winkel

касблар
beroepen

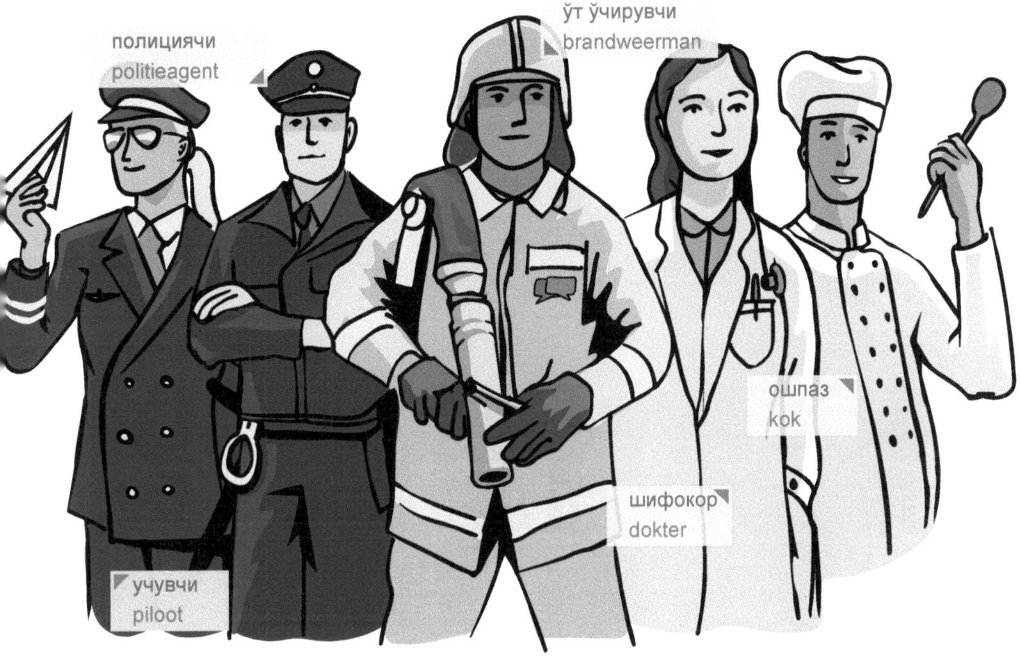
ўт ўчирувчи
brandweerman
полициячи
politieagent
ошпаз
kok
шифокор
dokter
учувчи
piloot

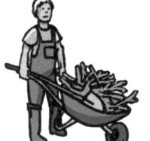

боғбон
tuinman

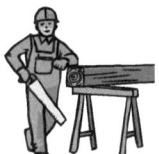

дурадгор
timmerman

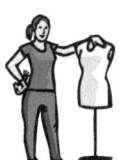

тикувчи
naaister

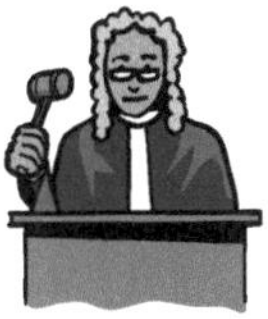

ҳакам
rechter

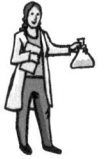

кимёгар
chemicus

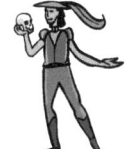

актёр
acteur

автобус ҳайдовчиси

buschauffeur

такси ҳайдовчи

taxichauffeur

балиқчи

visser

фаррош

schoonmaakster

том устаси

dakdekker

официант

ober

овчи

jager

бўёқчи

schilder

нонвой

bakker

электр устаси

elektricien

қурувчи

bouwvakker

муҳандис

ingenieur

қассоб

slager

сувчи чилангар

loodgieter

почтачи

postbode

аскар

soldaat

меъмор

architect

ғазначи

kassier

гулчи

bloemist

сартарош

kapper

чиптачи

conducteur

механик

mecanicien

капитан

kapitein

тиш шифокори

tandarts

олим

wetenschapper

яхудийлар руҳонийси

rabbijn

имом

imam

роҳиб

monnik

руҳоний

geestelijke

асбоблар
werktuigen

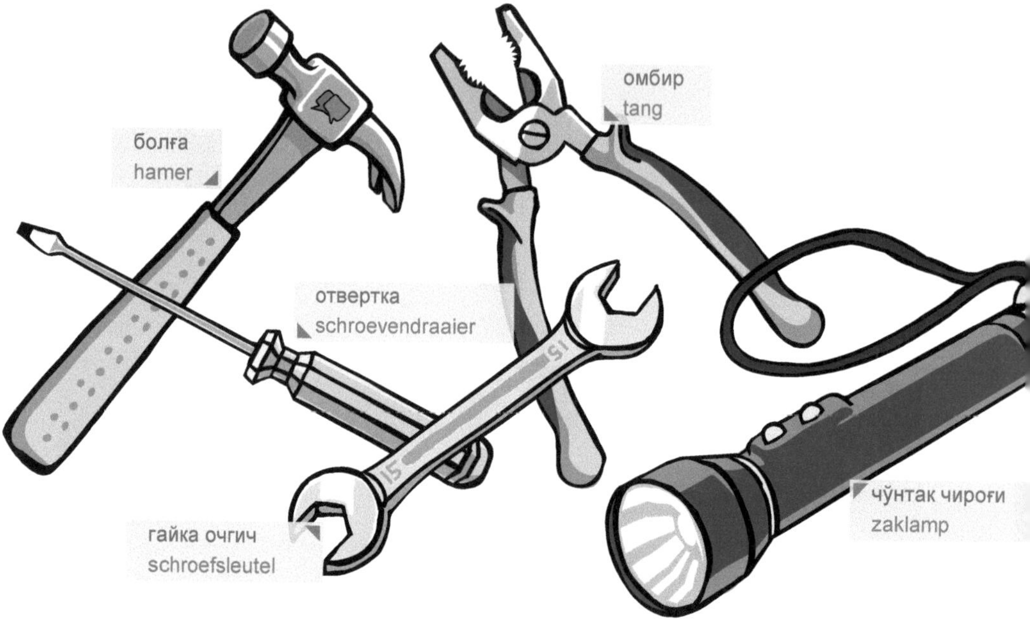

болға
hamer
омбир
tang
отвертка
schroevendraaier
гайка очгич
schroefsleutel
чўнтак чироғи
zaklamp

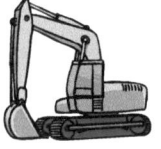

экскаватор

graafmachine

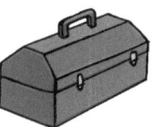

асбоблар қутиси

gereedschapskoffer

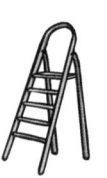

нарвон

ladder

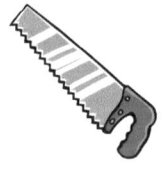

қўларра

zaag

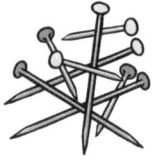

мих

spijkers

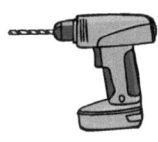

пармадаста

boormachine

тузатмоқ

repareren

белкурак

schop

Жин урсин!

Verdomme!

хокандоз

blik

бўёқ идиш

verfpot

бурама мих

schroeven

мусиқа асбоблари
muziekinstrumenten

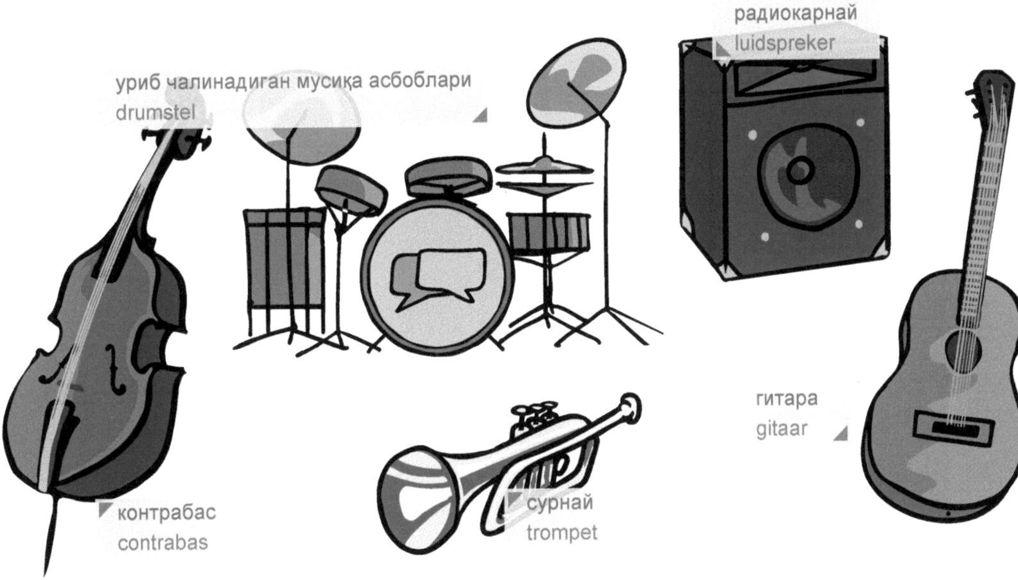

радиокарнай
luidspreker

уриб чалинадиган мусиқа асбоблари
drumstel

гитара
gitaar

контрабас
contrabas

сурнай
trompet

пианино

piano

ғижжак

viool

бас-гитара

basgitaar

қўшноғора

pauk

дўмбира

trommels

клавиатура

keyboard

саксофон

saxofoon

най

fluit

микрофон

microfoon

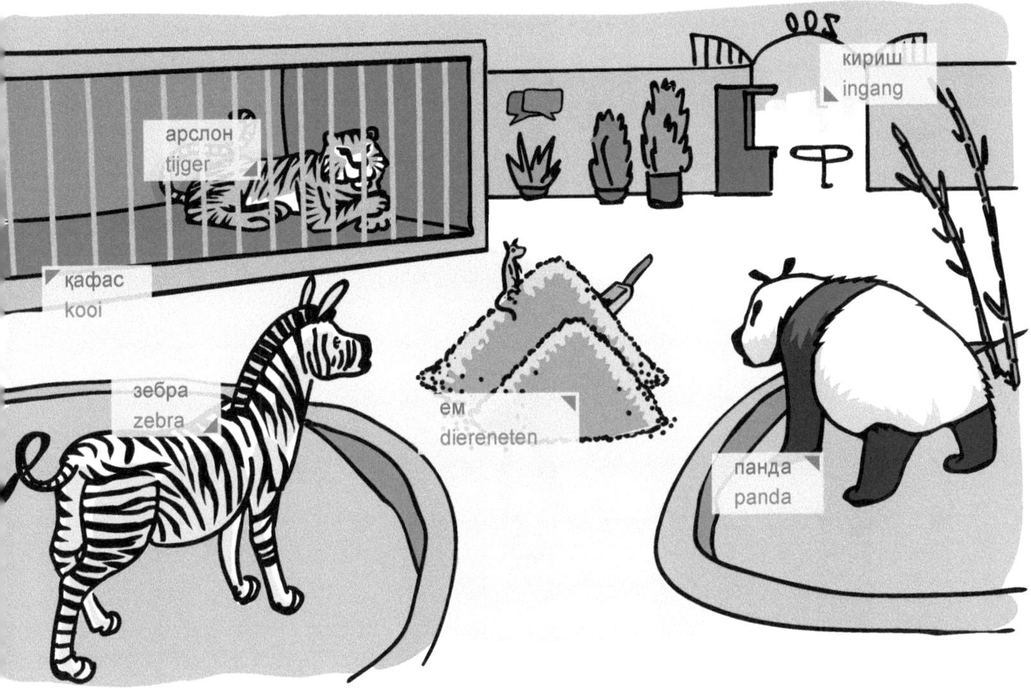

арслон
tijger

кириш
ingang

қафас
kooi

зебра
zebra

ем
diereneten

панда
panda

ҳайвонлар

dieren

фил

olifant

кенгуру

kangoeroe

каркидон

neushoorn

горилла

gorilla

айиқ

beer

туя

kameel

туяқуш

struisvogel

шер

leeuw

маймун

aap

фламинго

flamingo

тўти

papegaai

оқ айиқ

ijsbeer

пингвин

pinguïn

акула

haai

товус

pauw

илон

slang

тимсоҳ

krokodil

ҳайвонот боғи қоровули

dierenverzorger

тюлень

zeehond

ягуар

jaguar

тўпичоқ от

pony

қоплон

luipaard

бегемот

nijlpaard

жирафа

giraffe

бургут

adelaar

эркак чўчқа

wild zwijn

балиқ

vis

тошбақа

zeeschildpad

морж

walrus

тулки

vos

оҳу

gazelle

америка футболи
rugby

велосипед ҳайдаш
wielrennen

теннис
tennis

баскетбол
basketbal

сузиш
zwemmen

бокс
boksen

муз хоккейи
ijshockey

футбол

voetbal

бадминтон

badminton

енгил атлетика

atletiek

қўлтўпи

handbal

чанғи учиш

skiën

поло

polo

машғулот
activiteiten

сакрамоқ
springen
қучмоқ
knuffelen
кулмоқ
lachen
юрмоқ
wandelen
куйламоқ
zingen
ҳаёл қилмоқ
dromen
ибодат қилмоқ
bidden
ўпмоқ
kussen

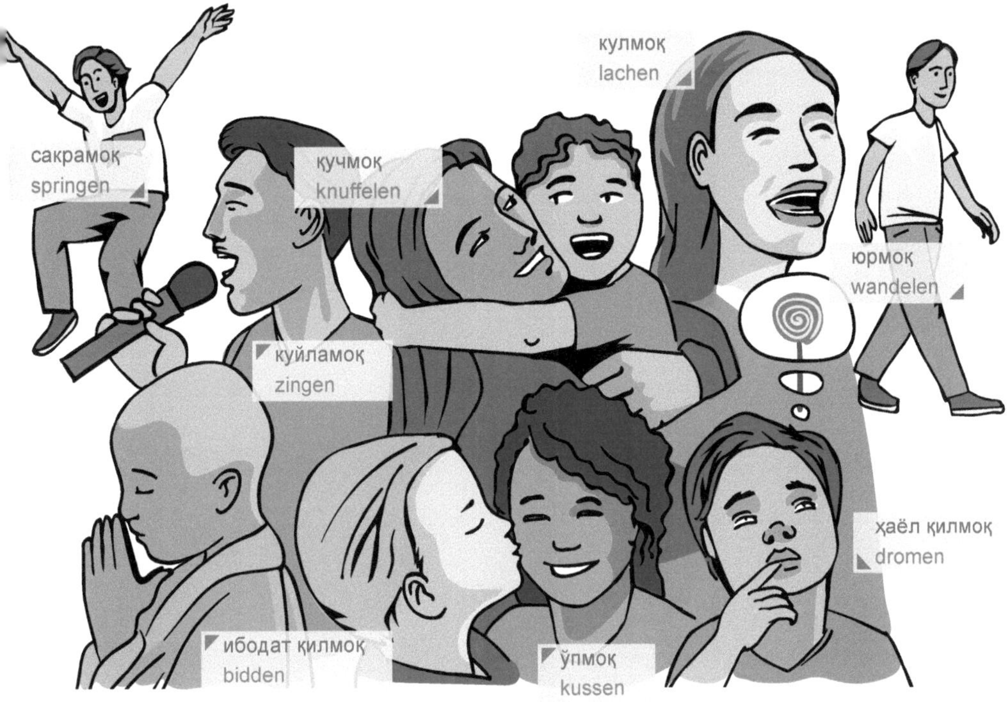

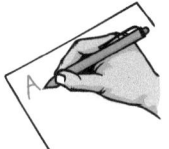

ёзмоқ

schrijven

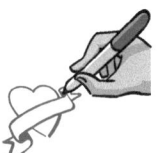

чизмоқ

tekenen

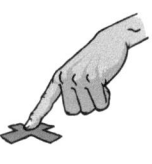

кўрсатмоқ

tonen

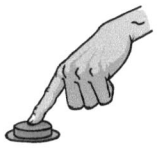

итармоқ

duwen

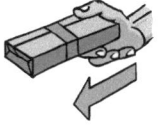

бермоқ

geven

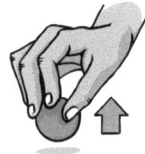

олмоқ

nemen

эга бўлмоқ

hebben

бажармоқ

doen

бўлмоқ

zijn

турмоқ

staan

югурмоқ

lopen

тортмоқ

trekken

улоқтирмоқ

gooien

йиқилмоқ

vallen

алдамоқ

liggen

кутмоқ

wachten

ташимоқ

dragen

ўтирмоқ

zitten

кийинмоқ

aankleden

ухламоқ

slapen

уйғонмоқ

ontwaken

қарамоқ

kijken naar

йиғламоқ

wenen

зарба бермоқ

aaien

тарамоқ

kammen

гаплашмоқ

praten

тушунмоқ

begrijpen

сўрамоқ

vragen

тингламоқ

luisteren

ичмоқ

drinken

емоқ

eten

йиғиштирмоқ

opruimen

севмоқ

houden van

пиширмоқ

koken

ҳайдамоқ

rijden

учмоқ

vliegen

кемада сузмоқ

zeilen

ҳисобламоқ

rekenen

ўқимоқ

Lezen

ўрганмоқ

leren

ишламоқ

werken

турмуш қурмоқ

trouwen

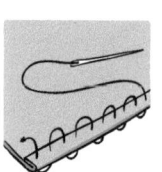

тикмоқ

naaien

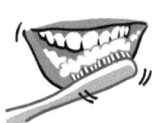

тиш ювмоқ

tandenpoetsen

ўлдирмоқ

doden

чекмоқ

roken

йўлламоқ

sturen

оила
familie

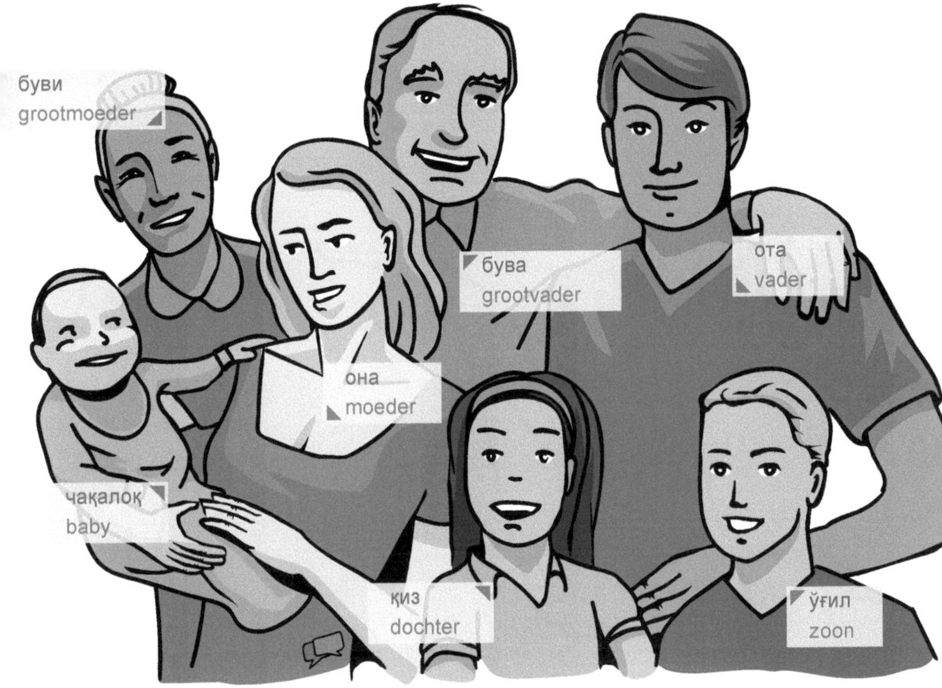

буви
grootmoeder
бува
grootvader
ота
vader
она
moeder
чақалоқ
baby
қиз
dochter
ўғил
zoon

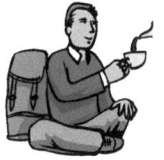

меҳмон

gast

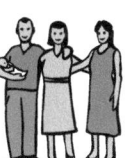

амма

tante

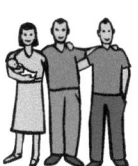

тоға

oom

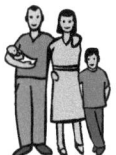

ака

broer

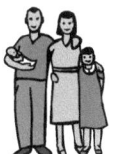

опа

zus

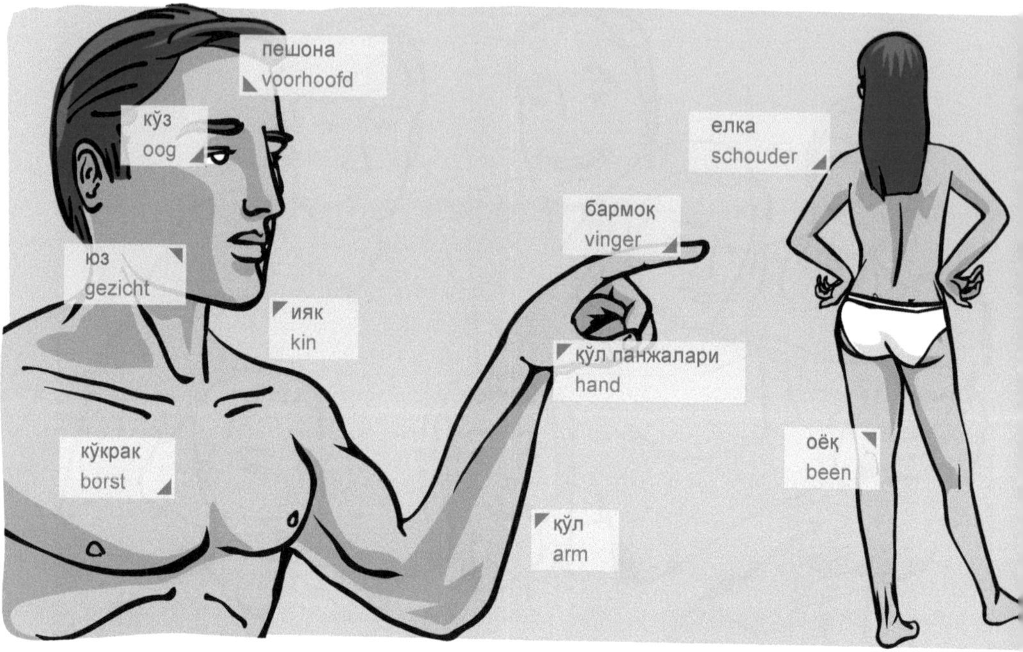

пешона
voorhoofd

кўз
oog

елка
schouder

бармоқ
vinger

юз
gezicht

ияк
kin

кўл панжалари
hand

кўкрак
borst

оёқ
been

кўл
arm

чақалоқ

baby

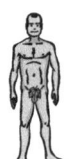

одам

man

аёл

vrouw

қиз бола

meisje

ўғил бола

jongen

бош

hoofd

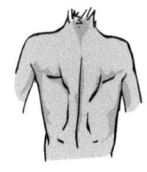

орқа
rug

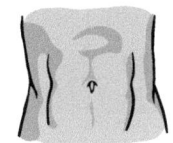

қорин
buik

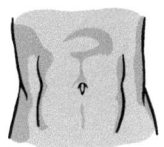

киндик
navel

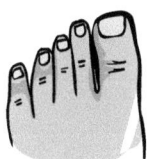

оёқ панжаси
teen

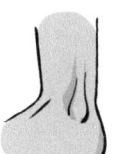

товон
hiel

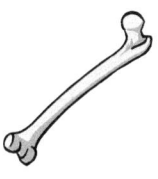

суяк
bot

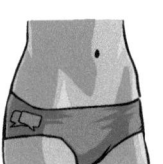

бел
heup

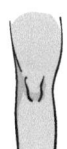

тизза
knie

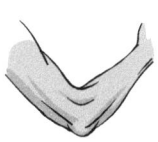

тирсак
elleboog

бурун
neus

думба
zitvlak

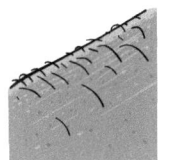

тери
huid

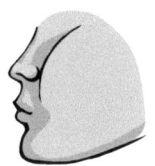

яноқ
wang

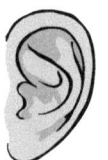

қулоқ
oor

лаб
lip

тана - lichaam

оғиз

mond

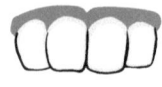

тиш

tand

тил

tong

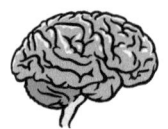

мия

hersenen

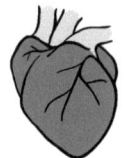

юрак

hart

мушак

spier

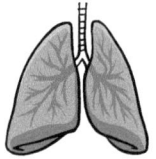

ўпка

long

жигар

lever

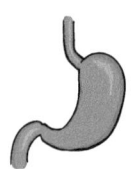

ошқозон

maag

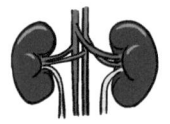

буйрак

nieren

жинсий алоқа

seks

презерватив

condoom

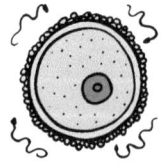

тухум ҳўжайра

eicel

уруғ

sperma

ҳомиладорлик

zwangerschap

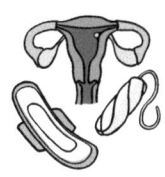

ҳайз

menstruatie

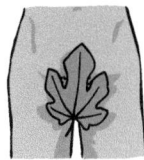

бачадон

vagina

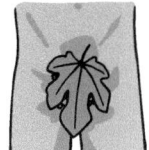

олат

penis

қош

wenkbrauw

соч

haar

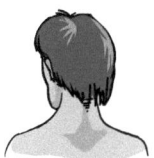

бўйин

nek

шифохона
ziekenhuis

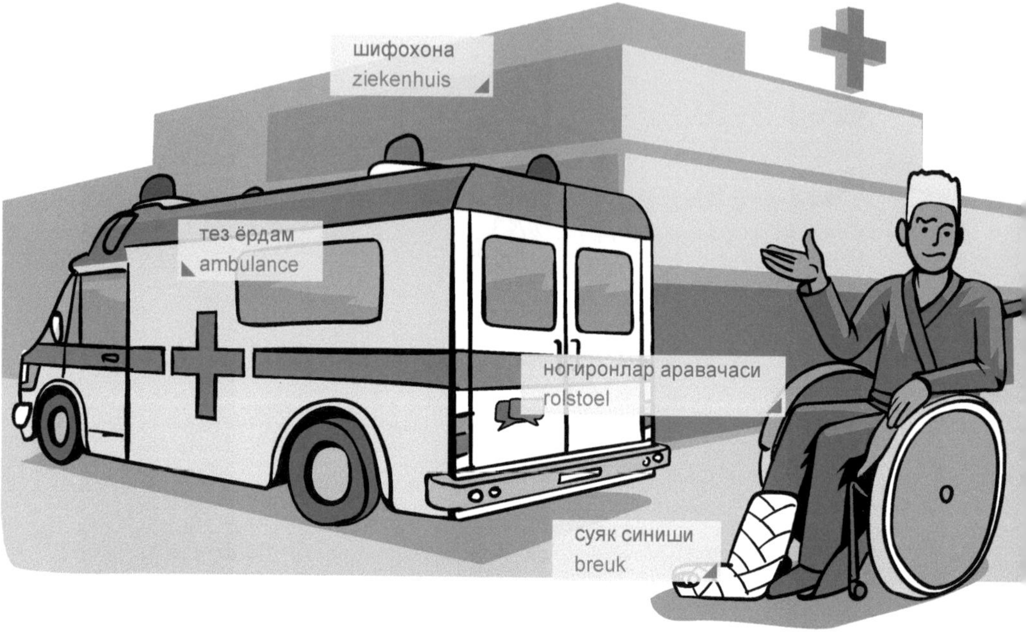

шифохона
ziekenhuis
тез ёрдам
ambulance
ногиронлар аравачаси
rolstoel
суяк синиши
breuk

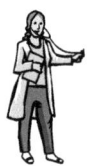

шифокор

dokter

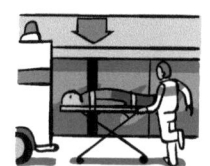

Шошилинч тиббий ёрдам кўрсатиш бўлими

spoed

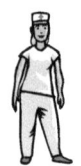

ҳамшира

verpleegkundige

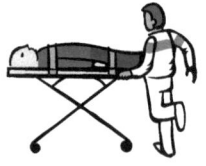

тез ёрдам

noodgeval

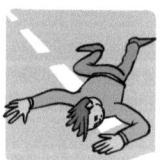

ҳушсизлик

bewusteloos

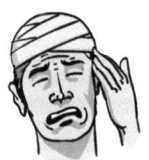

оғриқ

pijn

жароҳат

verwonding

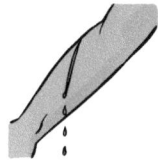

қонаш

bloeding

юрак хуружи

hartaanval

инсульт

beroerte

аллергия

allergie

йўтал

hoest

иситма

koorts

тумов

griep

ич кетиш

diarree

бош оғриғи

hoofdpijn

саратон касали

kanker

қандли диабет

diabetes

жарроҳ

chirurg

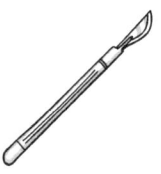

жарроҳ пичоғи

scalpel

жарроҳлик амалиёти

operatie

томография

CT

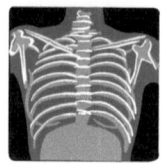

рентген

röntgenstraal

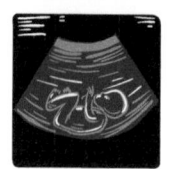

ултратовуш текшируви

ultrageluid

юз ниқоби

gezichtsmasker

касаллик

ziekte

қабулхона

wachtkamer

қўлтиқтаёқ

kruk

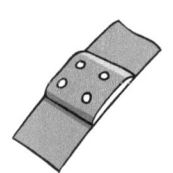

малҳамли пластир

pleister

бинт

verband

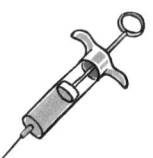

укол

injectie

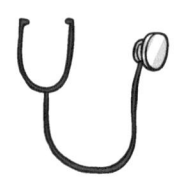

юрак урушини ва ўпкани
эшитиб кўрадиган асбоб

stethoscoop

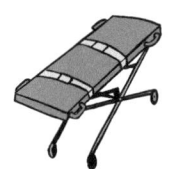

беморлар учун замбил

brancard

термометр

thermometer

туғруқ

geboorte

семизлик

overgewicht

эшитиш мосламаси

hoorapparaat

дезинфекцияловчи восита

ontsmettingsmiddel

инфекция

infectie

вирус

virus

ОИВ / ОИТС

HIV / AIDS

дори

medicijn

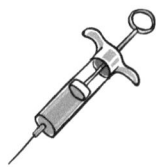

эмлаш

vaccinatie

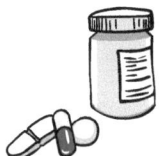

таблетка

tabletten

дори

pil

тез ёрдам қўнғироғи

noodoproep

қон босимини ўлчаш асбоби

bloeddrukmeter

касал / соғлом

ziek / gezond

Ёрдам беринглар!

Help!

тажовуз

overval

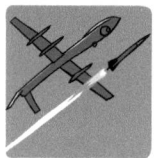

хужум

aanval

хавф

gevaar

фавкулодда ҳолатларда чиқиш эшиги

nooduitgang

ўт ўчиргич

brandblusser

фалокат

ongeval

хавф-хатар ишораси

alarm

Ёнғин!

Brand!

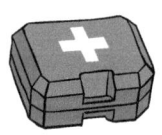

биринчи тиббий ёрдам тўплами

EHBO-kit

фалокат сигнали

SOS

полиция

politie

Европа

Europa

Шимолий Америка

Noord-Amerika

Жанубий Америка

Zuid-Amerika

Африка

Afrika

Осиё

Azië

Австралия

Australië

Атлантик океани

Atlantische Oceaan

Тинч океани

Stille Oceaan

Ҳинд океани

Indische Oceaan

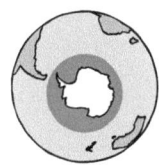

Антарктида океани

Antarctische Oceaan

Арктика океани

Arctische Oceaan

Шимолий қутб

Noordpool

Жанубий кутб

Zuidpool

Антарктика

Antarctica

Ер

aarde

ўлка

land

денгиз

zee

орол

eiland

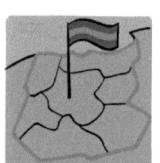

миллат

natie

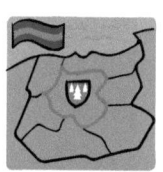

давлат

staat

астрономик вақт
кўрсатгичи

wijzerplaat

соат мили

uurwijzer

дақиқа мили

minuutwijzer

сония мили

secondewijzer

Соат неча?

Hoe laat is het?

кун

dag

вақт

tijd

ҳозир

nu

рақамли соат

digitale horloge

дақиқа

minuut

соат

uur

хафта
week

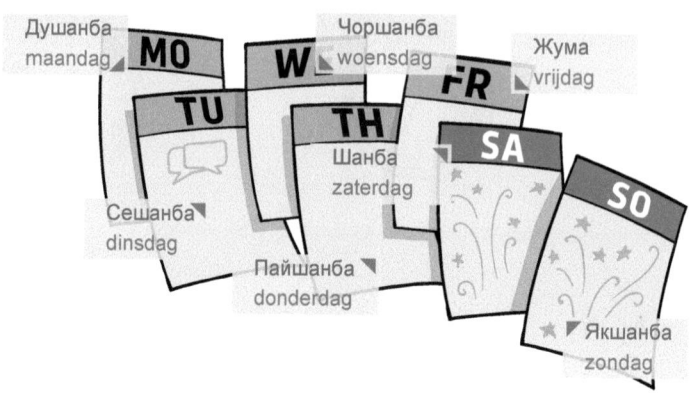

кеча

gisteren

бугун

vandaag

эртага

morgen

эрталаб

ochtend

пешин

middag

кечкурун

avond

иш кунлари

werkdagen

дам олиш кунлари

weekend

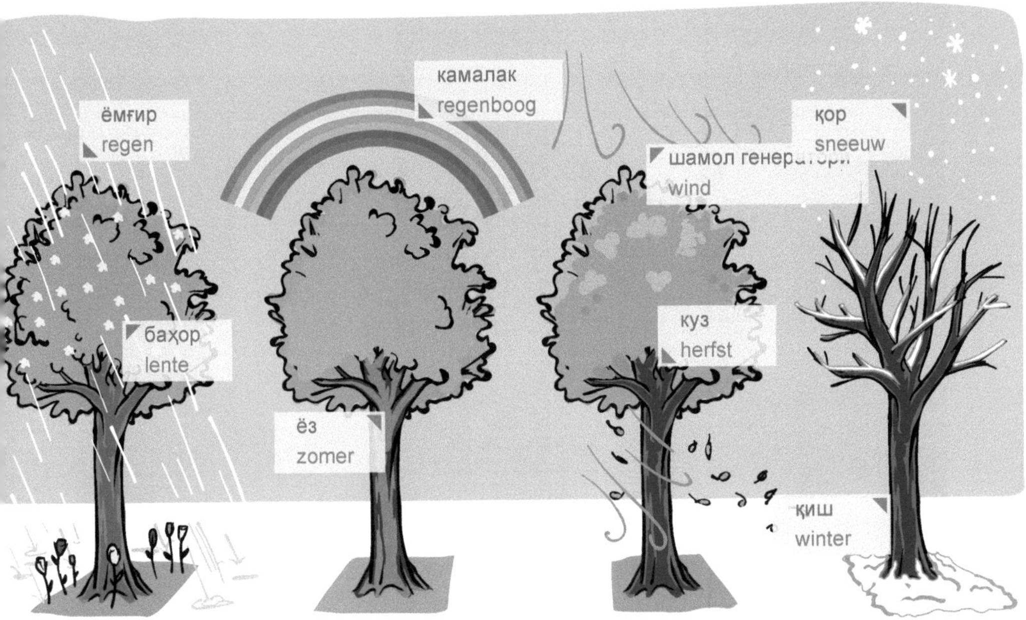

ёмғир
regen

камалак
regenboog

қор
sneeuw

шамол генератори
wind

баҳор
lente

куз
herfst

ёз
zomer

қиш
winter

об-ҳаво маълумоти

weervoorspelling

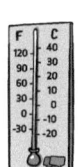

термометр

thermometer

қуёшли

zonneschijn

булут

wolk

туман

mist

намгарчилик

vochtigheid

чақмоқ

bliksem

момоқалдироқ

donder

бўрон

storm

дўл

hagel

намгарчилик мавсуми

moesson

тошқин

overstroming

муз

ijs

Январь

januari

Февраль

februari

Март

maart

Апрель

april

Май

mei

Июнь

juni

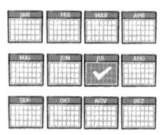

Июль

juli

Август

augustus

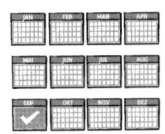

Сентябрь

september

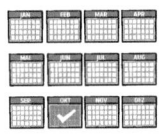

Октябрь

oktober

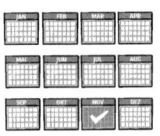

Ноябрь

november

Декабрь

december

шакллар
vormen

айлана

cirkel

квадрат

kwadraat

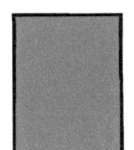

тўртбурчак

rechthoek

учбурчак

driehoek

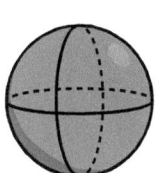

доира

bol

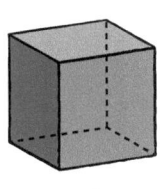

куб

kubus

оқ
wit

сариқ
geel

сабзи ранг
oranje

пушти
roze

қизил
rood

тўқ қизил
paars

кўк
blauw

яшил
groen

жигар ранг
bruin

кул ранг
grijs

қора
zwart

кўп / оз

veel / weinig

ғазабли / хотиржам

boos / kalm

гўзал / хунук

mooi / lelijk

боши / охири

begin / einde

катта / кичик

groot / klein

ёруғ / қоронғу

licht / donker

ака / сингил

broer / zus

тоза / ифлос

proper / vuil

тўлиқ / чала

volledig / onvolledig

кун / тун

dag / nacht

ўлик / тирик

dood / levend

кенг / тор

breed / smal

еса бўладиган / еса
бўлмайдиган

eetbaar / oneetbaar

ёвуз / хайрли

kwaadaardig / vriendelijk

ҳаяжонли / зерикарли

opgewonden / verveeld

семиз / озғин

dik / dun

биринчи / охирги

eerst / laatst

дўст / душман

vriend / vijand

тўла / бўш

vol / leeg

қаттиқ / юмшоқ

hard / zacht

оғир / енгил

zwaar / licht

очлик / чанқов

honger / dorst

касал / соғлом

ziek / gezond

ноқонуний / қонуний

illegaal / legaal

зиёли / калтафаҳм

intelligent / dom

чап / ўнг

links / rechts

яқин / узоқ

dichtbij / veraf

янги / ишлатилган

nieuw / gebruikt

ҳеч нарса / бир нарса

niets / iets

қари / ёш

oud / jong

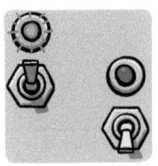

ёниқ / ўчиқ

aan / uit

очиқ / ёпиқ

open / dicht

паст / баланд

stil / luid

бой / камбағал

rijk / arm

тўғри / нотўғри

juist / fout

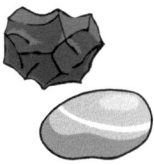

нотекис / текис

ruw / glad

хафа / хурсанд

droevig / blij

қисқа / узун

kort / lang

секин / тез

traag / snel

нам / қуруқ

nat / droog

илиқ / салқин

warm / koud

уруш / тинчлик

oorlog / vrede

рақамлар
cijfers

0

ноль
nul

1

бир
één

2

икки
twee

3

уч
drie

4

тўрт
vier

5

беш
vijf

6

олти
zes

7

етти
zeven

8

саккиз
acht

9

тўққиз
negen

10

ўн
tien

11

ўн бир
elf

12

ўн икки

twaalf

13

ўн уч

dertien

14

ўн тўрт

veertien

15

ўн беш

vijftien

16

ўн олти

zestien

17

ўн етти

zeventien

18

ўн саккиз

achtien

19

ўн тўққиз

negentien

20

йигирма

twintig

100

юз

honderd

1.000

минг

duizend

1.000.000

миллион

miljoen

Инглиз

Engels

Америкача инглиз тили

Amerikaans Engels

Хитой тилининг Мандарин лаҳчаси

Chinees (Mandarijn)

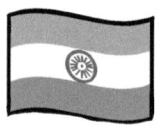

Ҳинд

Hindi

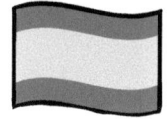

Испан

Spaans

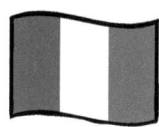

Француз

Frans

Араб

Arabisch

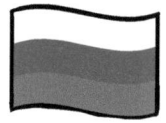

Рус

Russisch

Португал

Portugees

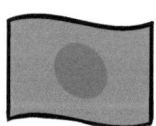

Бенгал

Bengali

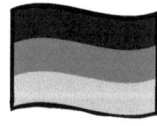

Немис

Duits

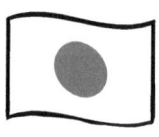

Япон

Japans

Мен

ik

Сен

u

у / у / у

hij / zij / het

биз

wij

сизлар

u

улар

ze

ким?

wie?

нима?

wat?

қандай?

hoe?

қаерда?

waar?

қачон?

wanneer?

исм

naam

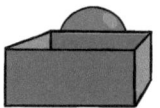

орқада

achter

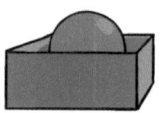

ичида

in

олдида

voor

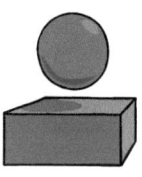

узра

boven

устида

op

тагида

onder

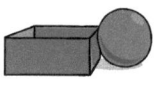

ёнида

naast

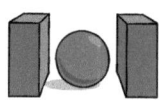

ўртасида

tussen

жой

plaats